Die Treppe des Grauens

Geständnisse eines begnadeten Praktikers

von

Johann Henseler

Inhalt

Bibliografische Information der Deutschen Nationalbibliothek:

Die Deutsche Nationalbibliothek verzeichnet diese Publikation in der Deutschen Nationalbibliografie. Detaillierte bibliografische Daten sind im Internet über http://dnb.dnb.de abrufbar.

Herstellung und Verlag:

BoD – Books on Demand,

Norderstedt

ISBN 9783752691931

1. Technisches Verständnis und Geschlecht

Ich widerspreche nicht der These, dass das Verständnis für und der Umgang mit Technik genetisch vorgezeichnet sind. Allerdings widerspreche ich der These, dass insbesondere, vielleicht sogar ausschließlich, das männliche Geschlecht dieses Technik - Gen besitzt.

Ich kenne jedenfalls eine Frau, die mir bei vielen Gelegenheiten bewiesen hat, dass mein technisches Verständnis offensichtlich ihrem unterlegen ist.

Diese Frau ist Hildy.

Wir leben schon über 50 Kalenderjahre zusammen. Verglichen mit der Dauer des Zusammenseins anderer Ehepaare während eines Kalenderjahres sind wir mindestens drei Mal so häufig zusammen, so dass wir eigentlich 150 Ehejahre miteinander auskommen. In diesen 150 Jahren ist es nicht gelungen, dass Hildy mir ein grundsätzliches technisches Verständnis beibringen konnte, jedenfalls sind ihre Reaktionen heutzutage nicht von denen unterscheidbar, die ich vor Dezennien ertragen musste. Wie auch, wenn mein beschränktes technisches Verständnis genetisch determiniert ist?

Hildy hat auch eine Affinität zu technischen Spielereien, die mir fremd ist. Beispielsweise besitzt sie eine umfassende elektrische Weihnachtsdekoration, die für die Ausschmückung einer Mittelstadt reichen würde. Alles wird erleuchtet, selbst die Sitzfläche des Hockers für das Rätselheft auf der Toilette erfährt noch eine Beleuchtung durch kleine Lampen, ebenso wird die von mir inbrünstig gehasste Treppe illuminiert. Aber eins muss sein: eine Fernbedienung mit Zeitschaltuhr, damit die Lampen rechtzeitig keinen Strom mehr verbrauchen, wenn Nachtruhe eingekehrt ist. Sämtliche Enkel finden diese Fernbedienung so faszinierend, dass sie schon morgens beginnen, damit zu spielen, so dass ein ständiges Geflackere in der Wohnung herrscht. Zusätzlich werden batteriebetriebene Kerzen aufgestellt, die tatsächlich beim Pusten erlöschen. Eine Fülle unterschiedlicher Batterien wird benötigt, die ich aus Angst schon gar nicht anfasse, um nicht später erklären zu müssen, warum sie durcheinander geraten sind.

Hildy beherrscht nicht nur triviale technische Kompetenzen, wie das Lesen und Ausführen von Bauplänen für zerlegbare Möbel, sondern auch kompliziertere, wie das Schneidern von Kleidung und die Planung von Badezimmern. Ihr untrügliches Auge für nicht ganz fehlerfreie handwerkliche Arbeit macht ihren Kommentar zum Schrecken aller Könner, insbesondere jedoch aller Dilettanten, wozu sie mich zählt.

Es hält sich ungefähr die Waage, was wir uns gegenseitig zumuten: ich ihrem Kennerauge eine enorme Belastung, die zum Weggucken zwingt, sie dem bemühten und hoffnungsvoll Beifall erwartenden Pseudospezialisten in Gestalt meiner Person ein schiefes Lächeln, gefolgt von einem „Schön! Aber..."

Warum halten wir beide das durch?

Wir hängen es eben nicht groß auf. Im Hintergrund tobt zwar der Geschlechterkampf, der Kampf um Gleichberechtigung, der Kampf um die Berücksichtigung der eigenen Bedürfnisse durch den Partner. Die damit einhergehenden Verhaltensweisen, nämlich von meiner Seite Starrsinn und bewusstes Ignorieren von Hildys Ratschlägen, und von Hildys Seite intransigente und betonte Besserwisserei und Unzufriedenheit, treten höchstens in Ansätzen auf, und erschrocken erinnern wir uns dann gemeinsam daran, dass wir nie Sachen über unsere beiden Personen stellen wollten und wollen. Ein beiderseitiges Lächeln, verbunden mit Schulterzucken, macht uns dann klar, was für uns wichtiger ist.

Die folgenden Episoden mögen einen Einblick geben, wie sich das Verhältnis von Frau, Mann und Technik konkret äußert. Dabei würde ich empfehlen, die Rolle des Mannes nicht zu überschätzen.

2. Teamarbeit

Bevor ich Hildy kennenlernte, wurde der Gedanke der Gleichberechtigung von Mann und Frau schon offensiv von meiner Schwester vertreten. Blieb es noch weitgehend ungestraft, wenn ich bei anderen in irgendeiner Hinsicht die Fähigkeiten des weiblichen Geschlechts in Zweifel zog, so lehrte mich die Erfahrung, dass es fast an die Provokation eines Brudermordes grenzte, wenn ich dies bei ihr tat. Um keine zu großen Konflikte zu provozieren, war ich daher bereit, ohne Unmutsäußerungen mit ihr bei der Renovierung zusammenzuarbeiten.

Geplant war das gemeinsame Tapezieren des Hausflurs in der elterlichen Wohnung. Wir hatten beide noch nie tapeziert, was uns nicht davon abhielt, uns schon beim Anmischen des Kleisters gegenseitig lautstark zu belehren.

Dann schnitten wir die Bahnen auf die richtige Länge, wobei mich meine Schwester zurechtwies, dass ich zu ungenau gemessen hatte. Die Bahnen waren zu lang abgeschnitten, das Nachschneiden an der klebenden Tapete wollte sie sich ersparen.

Ich schnitt dann 5 Bahnen nach den Angaben meiner Schwester um 15 cm kürzer; genau auf die richtige Länge. Die Tapeten wurden draußen auf der Terrasse auf dem Tapeziertisch eingekleistert und dann nach drinnen gebracht, um angeklebt zu werden. Es stellte sich bei der ersten Bahn heraus, dass ich die Zentimeterzahl, die meine Schwester mir von drinnen zugerufen hatte, falsch verstanden hatte. Es hätten nur 5 cm sein sollen, alle 5 Bahnen waren 10 cm zu kurz. Das führte zu einer beträchtlichen Erhöhung der Lautstärke unserer Unterhaltung, verbunden mit ersten Beurteilungen meines Geisteszustandes durch meine Schwester.

Die 5 vollgekleisterten Tapetenbahnen landeten im Müll, die nächsten 5 wurden nun auf die richtige Länge geschnitten und eingekleistert. Die erste Bahn wurde geklebt, und es gab nichts auszusetzen. Das änderte sich bei der zweiten Bahn. Die Tapete war gemustert, die Muster passten nicht aneinander. Die Lautstärke unserer Beratungen führte dazu, dass die Nachbarn trotz der sommerlichen Hitze ihre Fenster schlossen. Immerhin wurde mein Vokabular für die Charakterisierung technischer Inkompetenz durch die Auslassungen meiner Schwester erheblich erweitert.

Jetzt konnte uns nur noch der Zufall helfen, wenn eine der bereits geschnittenen Bahnen an eine andere passte. Dazu faltete ich draußen eine bereits eingekleisterte Tapete auseinander, um drinnen zu sehen, ob sie noch brauchbar war. Meine hitzeempfindliche Schwester hatte mittlerweile ohne mein Wissen die Rollläden der Terrassentür einen halben Meter heruntergelassen, weil sie sich davon eine größere Kühlung versprach. Mit der eingekleisterten Seite zu mir gewandt, wollte ich schnell ins Haus laufen, stieß aber mit solcher Wucht mit dem Kopf gegen die halb heruntergelassenen Rollläden, dass ich hinterrücks umfiel und mich dabei selbst tapezierte. Meine Unmutsäußerungen passten sicher nicht ins Bild eines Menschen, der für die weibliche Gleichberechtigung war. Die wenig emanzipatorischen Ansprüchen genügenden Auslassungen musste man bis zum Nachbarort gehört haben.

Die Bahnen passten nicht aneinander, also wurden wiederum 5 neue Bahnen, diesmal sorgfältig aneinander angepasst, geschnitten. Aufgrund des Selbsttapeziererlebnisses stellte ich mir die Frage, wieso wir eigentlich umständlich die Tapeten einkleisterten. Ich machte den Vorschlag, stattdessen die Wand einzukleistern und dann die Tapeten dagegen zu drücken. Diesmal lobte mich meine Schwester, weil ich jetzt endlich mitdächte.

Wir klebten die ersten 5 Bahnen an. Da war der Kleister aufgebraucht und auch Tapetenrollen mussten nachgekauft werden. Unsere Begeisterung hatte bereits merklich nachgelassen. Wir kauften ein und machten erst einmal eine Erschöpfungsunterbrechung.

Nach dieser Pause stellte sich heraus, dass sich alle Tapetenbahnen, die nach der neuesten Methode angeklebt worden waren, abgelöst hatten und verklebt auf dem Boden lagen. Meine Schwester erlitt einen schreikrampfähnlichen Wutanfall, der sich noch steigerte, als ich ihr die Hauptschuld an dem Desaster gab. Um mich zum Schweigen zu bringen, schleuderte sie ihre

Holzsandalette nach mir, verfehlte mich aber, und die Holzsandalette blieb zitternd im Holztürblatt des Schlafzimmers stecken. Zu diesem Zeitpunkt riefen besorgte Nachbarn an, ob bei uns ein Unglück geschehen sei.

Wir gaben das Tapezieren erst einmal auf und reparierten die Tür.

Allerdings konnten wir uns tagelang nur noch heiser-krächzend mitteilen. Das war aber nicht so gravierend, weil wir sowieso zwei Tage lang nicht mehr miteinander sprachen.

3. Gelungene Überraschung

Überraschung ist ein ambivalenter Begriff, man kann positiv oder negativ überraschen oder überrascht werden. Problematischer wird es noch, wenn eine positiv gemeinte Überraschung vom Überraschten negativ wahrgenommen wird und die sich daraus ergebenden Folgen den Verursacher der Überraschung am meisten überraschen.

Wenn man jung verheiratet ist, kann man sich noch viele Ungeschicklichkeiten leisten. Die verliebte Hildy verzieh sie mir und fand sie und den Tollpatsch meist noch süß.

Allerdings schätzte ich das Ausmaß der Toleranz falsch ein.

In unserer ersten Wohnung wollten wir unsere Küche hellgrün streichen und freuten uns schon auf die gemeinsame Arbeit. Wir kauften einen Eimer weiße Farbe und eine Tube grüne Abtönfarbe. Zu Hause in der Küche schütteten wir die Abtönfarbe in den Eimer mit weißer Farbe und verrührten sie sorgfältig, wobei uns unser zweijähriger Sohn interessiert zusah.

Dann begann ich anzustreichen, wurde aber nach einer Minute von der skeptischen Hildy darauf hingewiesen, dass ich Farbkleckse auf dem Boden hinterließ, weil ich noch nicht abgeklebt hatte. Abkleben hielt ich für Zeitverschwendung und behauptete, dass sich die paar Farbkleckse später leicht und damit zeitsparend wieder mit Wasser entfernen ließen. Darauf entspann sich ein Disput zwischen uns, so dass wir kurze Zeit unseren Sohn nicht beachteten.

Der erinnerte sich genau daran, was man mit der Farbe machen musste. Er tauchte seinen kleinen Arm bis zur Achselhöhle in den grünen Farbeimer und rührte die Farbe rund. Als die damals noch leichter zu erschreckende Hildy daraufhin einen Schrei ausstieß, zog er schuldbewusst den Arm aus dem Eimer und putzte ihn an seinem neuen Hemd und der neuen Hose ab. Sofort wurde er in die Badewanne verfrachtet, das Wasser färbte sich zwar grün, aber die Kleidung war ruiniert.

Hildy wurde also durch die überraschende Mithilfe unseres Sohnes hinsichtlich ihrer

Toleranz leicht überstrapaziert und bestand darauf, dass ich sofort mit meinem Sohn einen Mittagsschlaf zu halten hätte. Als wir aufstanden, hatte sie die Küche abgeklebt und alleine gestrichen.

Diese farbenfrohe Umgestaltung ließ in mir den Wunsch keimen, auch andere mit unserem Geschmack zu überraschen.

„Ich muss nächste Woche weg", informierte uns unser Freund, mit dem wir im selben Haus wohnten, Hildy und ich mit Kind in der Erdgeschosswohnung, er als Junggeselle in einem kleinen Apartment unterm Dach. „Hier habt ihr einen Schlüssel, für den Fall, dass irgendetwas sein sollte. Meine Oma hat auch noch einen, die will in der Woche auch mal nach dem Rechten sehen."

Es war in den frühen siebziger Jahren. Alles musste bunt und flippig sein. Unsere Wohnung, die erste selbst gemietete, wurde durch Tapeten in grün, gelb und orange geschmückt. Wir hatten uns schon oft über das Junggesellenapartment unseres Freundes lustig gemacht, über die

Blümchentapeten und die spießige Möblierung mit ausrangiertem Gelsenkirchener Barock seiner Eltern.

Jetzt witterte ich die Chance auf eine gründliche Umgestaltung. Vor allem sollten die Wände und Möbel „modernisiert" werden. Während ich recht sorglos lospinseln wollte, hatte Hildy doch erhebliche Bedenken ohne Wissen des Bewohners eigenmächtig nach unserem Geschmack dessen Wohnung völlig zu verändern. Sie machte erst dann widerwillig mit, als ich ihr versprach, eine handwerklich saubere Arbeit zu leisten und nicht einfach Farben sinnlos zu verteilen.

Zunächst kramten wir alle von uns nicht mehr gebrauchten Plakate heraus und dekorierten damit die kahlen Wände nahezu lückenlos, mit solchen von der Deutschen Bundesbahn, vom chilenischen Bürgerkrieg und mit Gedichten von Peter Handke aus dem Suhrkamp-Verlag.

Dann waren die Möbel dran. Als junge Familie, als Eltern eines Kindes noch beide im Studium und damit ohne Einkommen, waren wir knapp bei Kasse. Natürlich sollten unsere Aktivitäten nichts kosten. Der Bewohner des zweiten Junggesellenapartments im Haus war in einer Firma angestellt, die Autolacke herstellte und vertrieb. Er hatte unbegrenzten Zugang zu allen rückläufigen Lacken, die er kostenlos besorgen konnte. Es war also dem Zufall überlassen, welche Farben er mitbrachte.

Der schwere Ausziehtisch erhielt eine Silbermetallic-Lackierung, der braune Wohnzimmerschrank eine tiefblaue, glänzende Lackierung des Corpus´ mit goldmetallic lackierten Einlegebrettern, und so folgte Möbelstück auf Möbelstück bis hin zum Zeitungsständer, der hellorange wurde.

Am Ende gab es für mich doch kein Halten mehr: Die Zierteller an der Wand wurden überlackiert, die Glühbirnen in den Lampen ebenfalls, sogar die kleinen, grünen Kakteen auf dem Fensterbrett erhielten oben eine rosa Lackierung, so dass sie aussahen, als ob sie blühten.

Zum Abschluss hängten wir die im Treppenhaus angebrachte Hausordnung in eine große Lacksprechblase, die aus dem Mund von Ho-Chi-Minh auf einem Riesenposter stammte.

Ich war mir sicher, dass sich unser Freund über das neue Outfit des Apartments freuen würde. Hildy war da weniger optimistisch.

Sie sollte recht behalten.

Die Oma des Freundes, an die wir gar nicht mehr gedacht hatten, kam am Dienstag mit ihrem Schlüssel in das Apartment und dachte zunächst, dass sie im falschen Zimmer sei. Sie war völlig verwirrt, weil der Schlüssel trotzdem passte. Es konnte aber nicht das richtige Zimmer sein, weil es völlig anders aussah als bei ihrem letzten Besuch. In ihrer Ratlosigkeit klingelte sie beim Nachbarn in der zweiten Etage, der mit ihr nach oben ging und ihr bestätigte, dass dies das Apartment ihres Enkels sei.

Darauf erlitt sie so einen Schock, dass sie ohnmächtig zu werden drohte und der Nachbar sie daher vorsichtshalber ins Krankenhaus brachte. Zum Glück trug sie aber keine Schäden davon, nach einer kurzen Untersuchung wurde sie wieder entlassen.

Am Mittwoch klingelte bei uns ein wutschnaubender Hauseigentümer, der die

Sprechblasen-Hausordnung als persönliche Beleidigung auffasste und der, nachdem er uns als die Schuldigen ausgemacht hatte, von uns ultimativ die Wiederherstellung des früheren Zustandes forderte.

Am Donnerstag flatterte uns ein Brief des Vaters unseres Freundes ins Haus. Er drohte mit einer Anzeige wegen Körperverletzung, Hausfriedensbruch und Sachbeschädigung und stellte eine Meldung an die Universität in Aussicht, mit dem Antrag, unsere Relegation vorzunehmen. Er verlangte, da die Möbel sein Eigentum seien, eine Wiederherstellung des vorherigen Zustandes. Sollte dies nicht möglich sein, werde er Regressforderungen in noch festzulegender Höhe stellen.

Das waren so ernüchternde Folgen, dass man sie nur noch im Suff ertragen konnte. Ich wollte natürlich nichts von Hildys vorherigen Bedenken hören, mit dem Argument, dass das jetzt auch nichts mehr ändern würde.

Nachdem klar war, dass die Oma keinen Schaden erlitten hatte, sah unser Freund die Sache zum Glück recht locker. Seine Mutter fand die

Veränderung sogar gelungen und kaufte eigens für den silbermetallic lackierten Tisch ein weißes Deckchen mit durchbrochenem Muster, damit man auch die Farbe sehen konnte.

Der Vater ließ auf Bitten seines Sohnes seine Forderungen fallen.

Selbst die Oma fand nach dem ersten Schreck die Veränderungen nicht mehr so schlimm und sah von einer Anzeige ab, weil, so betonte sie, das Ganze doch „sehr sorgfältig" gemacht worden sei, außer den Ziertellern, dem Zeitungsständer und den Kakteen. Offensichtlich fand mein Werk nicht ihre ungeteilte Begeisterung.

So gab es am Schluss ein gemeinsames, großes Erleichterungsbesäufnis im modern gestylten Apartment.

4. Sorgfältige Planung

Hildy ist der Überzeugung, dass eine sorgfältige Planung für ein größeres Vorhaben, insbesondere was Familienplanung, aber auch Bauvorhaben angeht, unerlässlich ist. Ich teile diese Einschätzung, scheue mich aber so zu handeln.

Meine Rechtfertigung lautet: Oft ist es so, dass am Ende größerer Vorhaben eine Planung gar nicht mehr erkennbar ist. Deswegen ist es fraglich, ob man überhaupt planen sollte. Wenn man keine Pläne hat, können auch keine schief gehen. Deswegen neige ich zu Spontanentscheidungen, die außerdem die Spannung erhöhen, weil man die Ergebnisse, die daraus folgen, vorher noch nicht kennt.

Hildy meinte, dass ihr Bedarf an Spannung ziemlich gedeckt sei.

Ein weniger erfolgreiches Ergebnisse im Bereich des Bauens konnte ich so als Provisorium bezeichnen. Jeder weiß, dass Provisorien häufig ein hartnäckiges Leben haben, bis endlich eine vernünftige Dauerlösung an ihre Stelle tritt.

Weniger häufig kommt es vor, dass die erreichte Dauerlösung fast unmittelbar nach ihrer Vollendung sofort wieder verschwindet.

Kaum waren wir mit unseren beiden Kindern in unseren neu gekauften Altbau einzogen, überraschte ich Hildy mit einer von meinen Spontaneinsichten: „In ein neues Haus gehört ein neues Kind!"

Hildy stimmte mir zu.

Nach drei Jahren provisorischer Unterbringung stellte die Ehefrau schließlich die Forderung, dass die nun Dreijährige ein eigenes Kinderzimmer benötige. Dazu sollte das Spitzdach auf dem Anbau genutzt werden. Dieses Spitzdach hatte eine große Grundfläche, aber eine sehr flache Dachneigung, so dass ein Erwachsener nur in der Mitte unter dem Firstbalken aufrecht stehen konnte. Für ein Kind war das Zimmer prinzipiell geeignet.

Ein Dachfenster wurde eingebaut, die Stützbalken mit eigens vom Schlosser angefertigten Metallschuhen unterfangen,

Elektrik gelegt. Ein Heizkörper war bereits installiert, er ließ sich allerdings nicht mehr ausstellen.

Dann verwendete ich ca. 4 Wochen mit dem Innenausbau, der Errichtung eines Holzgerüstes, dem Verschrauben und Verkleben von Gipskartonplatten, dem Verspachteln und dem Tapezieren, alles bei laufender Heizung.

Nach dem Einrichten war ein schönes, puppenhausähnliches Kinderzimmer für die Dreijährige entstanden.

Inzwischen war die Einsicht gereift, dass der Altersunterschied der Dreijährigen zu ihren beiden Geschwistern zu groß sei. Damit sie nicht allein aufwachse, wäre ein Geschwister das Beste.

Daher war die gebärfreudige Hildy bereits wieder schwanger. Und da das neue Kind auch ein Zimmer haben musste, konnte man diese beiden Kinderzimmer nur da hochziehen, wo sich das gerade ausgebaute Kinderzimmer befand.

Die Folge war, dass das ausgebaute Kinderzimmer, kaum dass es fertig war, wieder abgerissen wurde, und zwar einschließlich des Daches.

Für den Neuaufbau mussten Architekten und Statiker Pläne erstellen, eine Zimmerei mit der neuen Dachkonstruktion beauftragt werden, ein Maurer und Verputzer organisiert und dann für alles eine Genehmigung eingeholt werden. Das dauerte seine Zeit, zwei Wochen vor der Geburt des vierten Kindes hatten wir immer noch nicht angefangen zu bauen, weil die Genehmigung nicht vorlag.

Am letzten Arbeitstag vor den großen Ferien gab das Bauamt am Mittag Signal, dass die Genehmigung bald erteilt würde und wir schon anfangen könnten. Meine Kollegen waren geradezu wild darauf, alles abzureißen und von oben in einen Container zu werfen, der den Vorgarten bereits platt gemacht hatte. Bis zum frühen Abend war der nun dachlose Anbau fertig zum Aufmauern. Innerhalb einer Woche mussten die Mauern stehen, weil in zwei Wochen die Zimmerei Betriebsferien machte. Noch am selben Tag mauerte der Maurer die Steine für die Wände ringsum einen halben Meter hoch.

Am nächsten Tag begann es zu regnen. Der Regen fiel auf den ungeschützten Anbau und versickerte bis auf die im darunter liegenden Arbeitszimmer verputzte Stäbchendecke, die durch dicke Wasserpfützen aufgeweicht wurde und aussah, als hätte sie die Beulenpest. In Panik wurden außen auf dem abgerissenen Dach Plastikplanen ausgebreitet und auf den niedrigen Mauern befestigt, um das Schlimmste zu verhüten.

Die ganze Nacht regnete es weiter. Die Baustelle war zu einem Schwimmbecken mit Fernsicht geworden und die Decke trug eine so enorme Last, dass man Angst haben musste, dass sie einbrach. Das Wasser musste morgens erst einmal ausgeschöpft werden.

Trotz Fluchens und Betens wiederholte sich das drei Tage lang. Dadurch gerieten die Maurerarbeiten so in Verzug, dass die Zimmerarbeiten möglicherweise nicht mehr pünktlich erfolgen konnten. Dann hätte der Bau drei Wochen ohne Dach bleiben müssen: eine Horrorvorstellung.

Der Maurer war ein mitfühlender Mensch: Er versprach, dass er die Arbeiten rechtzeitig erledigen würde. Allerdings brauchte er dazu als Treibstoff Unmengen von Bier. Morgens um 6 Uhr stellte ich einen Kasten auf die Baustelle, abends war er leer. Um sich zu beeilen, mauerte er eine Ecke ohne Wasserwaage und Richtlatte zwei Meter hoch, was dazu führte, dass der neueste Turm von Pisa am Ende des Tages wieder abgerissen werden musste. Daraufhin musste der Kasten schon um 5 Uhr bereit stehen, um die Zeit wieder aufzuholen.

Tatsächlich gelang es dem Maurer, die Maurerarbeiten nach Strömen von Bier fertigzustellen, so dass die Zimmerei noch vor ihren Betriebsferien die Dachkonstruktion errichteten konnte. Als diese und damit der Rohbau fertig war, brachte ein völlig irritierter Angestellter des Bauamtes die Genehmigung für den Baubeginn.

Mittlerweile lag Hildy im Krankenhaus, das Kind sollte sehr bald geboren werden.

Die Festlegung auf einen Vornamen des Kindes war bis dahin noch nicht erfolgt. Da wir ständig über den Bau redeten, hatten wir uns immer noch nicht für einen Vornamen entschieden. Bei der unmittelbaren Vorbereitung der Geburt blätterte die nervenstärkste Frau aller Zeiten in der Badewanne sitzend, ich davor, ein Vornamenbuch durch und war gerade beim Buchstaben L angelangt, als ich den Bereich wegen einsetzender Geburtswehen verlassen musste. Innerhalb von 10 Sekunden entschieden wir uns für den Namen Lina.

Zwei Tage nach der Geburt vernagelten Helfer und ich Dachpappe auf die Dachkonstruktion, wobei ein Freund mit der Leiter abrutschte und vom neuen Dach auf das ein Stockwerk niedrigere Wohnzimmerdach stürzte, zum Glück ohne sich zu verletzen.

Soviel Glück hatte ich nicht. Kurze Zeit später vollführte ich den gleichen Sturz, konnte den Arm aber nur unter großen Schmerzen bewegen. Also ab ins Krankenhaus! Bevor mich die Ambulanz verarztete, besuchte ich Hildy und das neugeborene Kind und führte meinen Arm vor. Dann zur Ambulanz und danach wieder zu Hildy und Kind. Der rechte Arm war wegen eines

Knöchelbruchs geschient und somit stillgelegt. Die mitfühlende Hildy verlor vor Schreck sofort ihre Muttermilch und wäre am liebsten sofort aufgestanden und mit nach Hause gegangen.

In der folgenden Nacht war ich allein im Haus. Ein Wolkenbruch prasselte auf das notdürftig mit Pappe vernagelte Dach. Durch mehrere Lücken rann Wasser mit satten Strahlen ins Zimmer. Mit gebrochenem Arm lief ich die halbe Nacht herum, stellte unter die Rinnsale leere Eimer und schüttete sie wieder durch die noch nicht verglasten Fensteröffnungen aus.

Hildy drängte darauf, das Krankenhaus verlassen zu dürfen. Doch wohin mit ihr und dem neugeborenen Baby? Das mittlere Stockwerk war eine zugige, unfertige Baustelle, im Erdgeschoss stapelten sich Möbel und Werkzeuge. Nur das Dachzimmer war prinzipiell bewohnbar, aber nicht adäquat eingerichtet. In einer gemeinsamen Kraftanstrengung schufen Nachbarin und Kinderfrau dort eine akzeptable Überlebensecke.

Nach zwei Wochen wurde der neue Aufbau schließlich fertig.

Ich weiß nicht, was ich durch eine Planung hätte verändern können, es hat doch alles prima geklappt!

5. Die Treppe des Grauens

Manche Heimwerkerarbeiten sind die Ursache für Albträume, da bin ich mir sicher. Dann erhalten ganz alltägliche Dinge plötzlich eine furchterregende Bedeutung. Bei mir war es eine Treppe, die mich wie ein missgünstiger, verhexter Dämon verfolgte. Die Holztreppe vom Erdgeschoss in die erste Etage sollte mit neuem Lack versehen werden, weiße Backen, braune Stufen, matt.

Leider weiß Hildy in Malerarbeiten sehr gut Bescheid, was ihr sogar bei Profimalern den Ehrentitel „Malerfee" einbrachte. Sie äußerte sich dahingehend, dass mich die Realisierung dieses Vorhabens möglicherweise überfordern würde – eine Beurteilung, die ich entrüstet von mir wies. Das dünkte ich mir und meinem Ruf doch schuldig zu sein.

Alles musste vorgeschliffen und genau abgeklebt werden, was ich auch erledigte, allerdings nicht zur vollsten Zufriedenheit Hildys, die wir beide allerdings auch nicht erwarteten.

Für das Lackieren der Stufen hatte ich nach meiner Überzeugung einen besonders klugen Termin gewählt: Es sollte an dem Morgen stattfinden, an dem wir gegen Mittag zu einem dreiwöchigen Urlaub nach Frankreich aufbrechen wollten.

Im ersten Stock befindet sich das Schlafzimmer mit dem Wäscheschrank. Ich schärfte also Hildy ein, alles Notwendige nach unten zu bringen, da die später frisch lackierte Treppe nicht mehr begehbar sei. Sie schaffte alles für den Urlaub nach unten und ich konnte mit dem Lackieren der Stufen beginnen.

Vorsichtshalber und mich selber wegen meiner Umsicht lobend, strich ich zunächst von jeder Stufe nur die linke Hälfte, so dass ein Gang nach oben frei blieb. Nochmal vergewisserte ich mich danach, dass Hildy auch alles Wichtige nach unten geschafft hatte. Dann erst lackierte ich die rechten Stufenhälften und den hölzernen Handlauf auf der rechten Seite. Links an der Wand war ein Edelstahlhandlauf gerade neu angebracht worden, den man nicht lackieren musste.

Hildy wartete schon darauf, dass ich fertig würde, und bald war es auch geschafft. Noch umziehen, und dann los, zur Kontrolle noch einen Griff an die Gesäßtasche, ob auch alle Papiere da waren.

Leider war die Gesäßtasche leer, wo waren die Papiere? Einigermaßen hektisch lief ich durch die unteren Räume, bis es mir zur traurigen Gewissheit wurde: Die Papiere lagen im Schlafzimmer. Was jetzt? Ohne Papiere konnte ich nicht fahren, und der Urlaub und Hildy warteten. Meine Hoffnung, dass ich vielleicht von außen durch ein noch geöffnetes Fenster einsteigen könnte, waren illusorisch, da die Fenster angesichts unserer langen Abwesenheit besonders sorgfältig verschlossen waren. Es blieb mir nichts anderes übrig, ich musste über die Treppe in den 1. Stock.

Kurz entschlossen zog ich meine Hausschuhe an und stieg über die frisch lackierte Treppe nach oben. Ich nahm immer zwei Stufen gleichzeitig, um möglichst wenig Trittspuren zu hinterlassen. Jeder Schritt verursachte ein schmatzendes Geräusch, das mir durch Mark und Bein ging. Oben angekommen, ließ ich die Pantoffeln auf der letzten Stufe stehen. Ich holte mein Lederetui mit den Papieren.

Dann begann der Abstieg. Er war komplizierter, als ich vermutet hatte. Die Hausschuhe standen auf der vorletzten Treppenstufe nun in der falschen Richtung, so dass ich rückwärtsgehend mit einem großen Schritt in sie einsteigen musste. Als ich mich dann drehen wollte, waren sie schon so festgeklebt, dass sie sich nicht sofort vom Lack lösten. Ich verlor das Gleichgewicht, griff in meiner Not auf den hölzernen Handlauf und stand wieder sicher. Allerdings war jetzt meine rechte Hand voll Lack.

Dann drehte ich mich um und wollte wieder zwei Stufen gleichzeitig nehmen. Das ist aber beim Aufstieg viel leichter als beim Abstieg. Folglich verlor ich erneut das Gleichgewicht und packte nun mit der lackbeschmierten Hand den neuen Edelstahlhandlauf.

Hildy hatte alles beobachtet und stöhnte ständig. Solange der Lack noch nicht getrocknet war, konnte man ihn vielleicht mit einem Lappen vom Edelstahl abwischen. Von unten warf sie mir einen Lappen zu. Aus unerfindlichen Gründen hatte ich das Mäppchen mit den Papieren immer noch in der Hand. Mit dieser Hand wollte ich den Lappen fangen, was auch gelang. Allerdings fiel mir dabei das Mäppchen aus der Hand in den Lack. Als ich es aufhob, zog der Lack schon deutliche Fäden.

Meine Laune sank beträchtlich. Die geschockte Hildy sagte kein Wort mehr, als ich Stufe für Stufe herunterstieg. Unten angekommen gab sie mir den Autoschlüssel, Schuhe und Jacke und vermied es peinlichst, die Vorfälle zur Sprache zu bringen.

Nach dem Urlaub musste die Treppe nachgestrichen werden, das war mir klar. Leider hatten meine Hausschuhe, die ich sofort in den

Müll warf, auf der Sohle ein Waffelmuster, so dass jeder Schritt im Lack deutlich zu sehen war. Ich wollte das einfach überstreichen, doch die „Malerfee" bestand darauf, dass alles nochmal geschliffen wurde.

Dann begann ich die Stufen von oben an erneut zu lackieren. Kaum war ich mit der Hälfte fertig, war die Lackdose leer. Also zum Baumarkt, eine neue besorgen.

Dann lackierte ich die Treppe zu Ende. Stolz auf mein Werk präsentierte ich die frisch lackierte Treppe der „Malerfee", die wissen wollte, warum die untere Hälfte nasser aussah. Ich erklärte ihr, dass ich diese mit einer neuen Dose später lackiert hatte.

Nach einer Stunde sah die untere Hälfte der Treppe immer noch deutlich nasser aus, was uns beide wunderte. Die „Malerfee" ließ sich die Lackdose geben und las laut vor: „Braun glänzend."

Das dritte Mal lackierte ich die Treppe mit dem richtigen „Braun matt".

Hildy engagierte danach doch einen Profi-Anstreicher, der sämtliche Farbränder nachzog und der sie fragte, warum sie ihn nicht gleich für den Anstrich der ganzen Treppe geholt habe, das wäre auch nicht viel teurer gewesen.

Seitdem hasse ich diese Treppe und den Profi-Anstreicher.

6. Weltrettungspläne

Den hehrsten Vorsätzen zur Schonung der knappen Ressourcen unserer endlichen Welt scheint ein teuflischer Widerspruch inne zu wohnen: Durch irgendwelche Einflüsse der Welt, die doch eigentlich dankbar sein müsste, dass man sich für sie so positiv engagiert, geraten die Wirkungen der gut gemeinten Anstrengungen außer Kontrolle und entfalten ein selbstzerstörerisches Potential wie das eines Umweltattentäters.

Hildy ist sehr umweltbewusst. Sie war überzeugt davon, dass die gebrauchten Windeln unseres Kindes in die Mülltonne zum Restmüll gehörten. Dagegen war auch nichts einzuwenden. Allerdings beging sie den Fehler, auf einen Nachbarn zu hören, der sich bei jeder Gelegenheit als Umweltexperte aufspielte. Von ihm musste sie sich sagen lassen, dass dies zur Müllanhäufung führe und sie mitschuldig daran sei, unseren blauen Planeten unbewohnbar zu machen. Sie solle für die Entsorgung der Windeln

Abwasser wählen, das durch unsere Verschwendung in großen Mengen anfalle und sowieso geklärt würde.

Die lebenslustige Hildy wollte noch länger auf unserem Planeten glücklich sein und nahm sich die Ermahnung zu Herzen. Sie forderte mich auf, dafür zu sorgen, dass wir sparsamer beim Wasserverbrauch würden. Auch sie selbst würde ab jetzt umweltbewusster entsorgen.

Ich musste zerknirscht zugeben, dass die Porzellanspülkästen an den Toiletten überdimensioniert waren. Spartasten gab es noch nicht. Wie sollte ich den Wasserverbrauch drosseln? Ich kam auf die Idee, große Steine in die Spülkästen zu legen, in die durch die Wasserverdrängung der Steine dann weniger Wasser lief. Hildy, der ich meine geniale Idee nicht mitgeteilt hatte, wies mich auf einen Wasserfleck neben der Toilette hin und wollte von mir dafür die Ursache wissen. Ich hatte keine Ahnung.

Hildy hielt Wort, sie änderte tatsächlich ihr Entsorgungsverhalten. Sie zerriss nun alle gebrauchten Windeln und spülte sie mit dem Wasser der Toilette weg. Wir hatten beide dabei das erhebende Gefühl, dass wir etwas Nützliches für die Menschheit und deren Überleben in einer besseren Welt geleistet hatten.

Erste Bedenken kamen uns, als die Toilette sich beim Abfließen immer langsamer entleerte. Schließlich floss nichts mehr ab. Der herbeigeholte Klempner, ein unerschrockener Mann, tat trotz schwimmender Notdurftreste buchstäblich einen Griff ins Klo und zog ein nicht näher zu beschreibendes Gemisch von aufgeweichten Windeln nebst anderen Resten aus dem Abflussrohr heraus.

Das nützte aber nicht viel, offensichtlich war das ganze Abflussrohr verstopft. Der Klempner holte eine Wanne, stellte sie im Keller neben das Abflussrohr und öffnete es. Nichts passierte. Erst als er mit einem langen Draht von unten darin herumstocherte, löste sich urplötzlich der ganze

Stau, ergoss sich über seinen Arm in die Wanne, die sich für den Schwall als zu klein herausstellte und schmatzend überlief.

Hildy verließ kurze Zeit später das Haus mit dem Spruch: „Hier erstinke ich!"

Der Klempner teilte mir mit, dass er in einer Stunde zurückkehren werde, er müsse jetzt dringend zu einer anderen Baustelle.

Ich machte meine ersten intensiven Erfahrungen mit einer speziellen manuellen Entsorgung mit Eimer und Putzlappen und war von der Rettung der Welt etwas weniger überzeugt.

Der Klempner reparierte den Schaden. Dabei machte ich ihn noch auf das Problem der Wasserlachen neben den Toiletten aufmerksam. Er untersuchte alles und teilte mir mit, dass die Porzellanspülkästen zu dünnwandig für das Gewicht der großen Steine seien, die ein Halbverrückter da hineingelegt habe. Alle Wasserbehälter seien gerissen und damit undicht.

Leider waren für die schon älteren Modelle der Toiletten keine Ersatzteile mehr erhältlich, so dass die gesamten Toiletten ausgetauscht werden mussten, allerdings in einer anderen Farbe. Da diese im Badezimmer nicht passte, wurden durch Hildys Beauftragung einer Fachfirma die Waschbecken und die Dusche auch erneuert.

Seitdem bin ich äußerst skeptisch gegenüber Weltrettungsvorschlägen, vor allem, was meine eigenen Überlegungen angeht.

7. Straßenverschönerung

Die Sichtweisen in der Welt ändern sich, das gilt auch für das, was man als Kunst bezeichnet. Was man in anderen Zeitaltern als Sachbeschädigung verurteilt hätte oder hat, gilt heute als avantgardistische Vorwegnahme der Moderne. Vielleicht wird meine Straßenverschönerung in Zukunft auch einem Beurteilungswandel unterliegen und als Beispiel für die neue Kunstrichtung „Ungewollte Geniestreiche" dienen.

Nach der Renovierung der Wohnung meiner jüngsten Tochter und ihres Freundes hatten Hildy und ich die beiden eigens besucht, um Umzugskisten, Pinsel, Farbeimer, Werkzeug, Lackdosen und dergleichen abzuholen.

Obwohl wir einen Kombi haben, wurde der Platz im Kofferraum ziemlich eng. Ich räumte alles ein, zuoberst stapelte ich Umzugskartons. Als wir losfahren wollten, stellte sich heraus, dass wir noch einen vollen 12l-Eimer Wandfarbe mitnehmen sollten. Ich stellte ihn auf die

Umzugskisten, obwohl Hildy zu bedenken gab, dass diese Unterlage sehr rutschig sei. Ich meinte, man könne auch alles übertreiben mit seiner Vorsicht, schloss die Klappe und ging ins Haus zurück, um mich zu verabschieden. Bevor wir losfuhren, wollte ich unsere Jacken noch im Kofferraum unterbringen. Ich öffnete also wieder die Kofferraumklappe.

In diesem Moment rutschte der volle Farbeimer tatsächlich auf der schräg liegenden Pappe der Umzugskartons aus dem Kofferraum und krachte auf die Straße. Der Plastikeimer riss über seinem Boden quer ein. Die Farbe spritzte durch den Aufprall zunächst auf alles in der Nähe Befindliche, bevor sie blubbernd auf der Straße eine riesige Pfütze bildete.

In meiner Panik riss ich den geplatzten Eimer hoch und stopfte ihn in einen leeren Eimer, der sich im Kofferraum befand, und hinterließ dabei dort eine dicke weiße Spur.

Die Folgen des Eimersturzes waren verheerend. Wenigstens drei Autos waren übersät mit dicken, weißen Farbspritzern. Die Straße konnte wegen der riesigen Farbpfütze auf meiner Fahrbahnseite nicht befahren werden, wenn man nicht die Straßen der halben Stadt mit weißen Reifenspuren versehen wollte.

Mein Entsetzensschrei war so durchdringend, dass Hildy, die Tochter und ihr Freund sofort auf die Straße liefen. Auf ihren Gesichtern spiegelten sich Erschrecken und Unverständnis wider, doch keiner traute sich zu fragen, wie es zu diesem Desaster gekommen war.

Dann wollten alle helfen. Hildy beseitigte mit mir die Farbe, wodurch unsere Kleidung und Schuhe ruiniert wurden. Meine Tochter musste den Verkehr umleiten, ihr Freund belieferte uns ständig mit neuem Wasser zum Auto- und Straßenputzen. Begleitet wurde das alles vom ständigen Hupen der im Stau stehenden Autofahrer.

Während wir noch kräftig putzten, hörten wir, dass sich das Gejaule eines Martinhornes näherte. Oh Schreck, vielleicht Umweltalarm?

Wir putzten wie die Besessenen, das Polizeiauto jedoch fuhr an uns vorbei, die Polizisten schauten interessiert hin, beachteten uns aber nicht weiter.

Auf der gegenüberliegenden Seite befindet sich eine katholische Kirche für italienische Mitbürger, die sich gerade zu einer Messe versammelten. Deren Interesse war so groß, dass nach Beginn der Messe immer noch ein beträchtlicher Teil neugierig unserer Straßenputzaktion zuschaute. Einige äußerten ihr Mitgefühl, ehe sie die Kirche betraten.

Wahrscheinlich haben sie anschließend für uns gebetet. Wir hätten es jedenfalls gut gebrauchen können.

Wenn mich jemand als Aktionskünstler buchen will, sollte er sich über den Preis keine Illusionen machen.

Hildy hat mir aber bedeutet, dass, selbst wenn sie eine Million Euro bei einem Glücksspiel gewänne, ich auf ihre Anfrage nicht zu hoffen bräuchte.

8. Weihnachtsfeuer

Die Erfüllung langgehegter Träume ist schön, die Folgen erfüllter Träume können sich aber zu Traumata entwickenl

Wir wollten ein neues Wohnzimmer an das bisherige Haus anbauen, weil kein Zimmer groß genug für uns alle war. Es sollte die ganze Hinterfront der bisherigen Außenmauer einnehmen. Weil der Anbau dadurch recht groß wurde, bestand ich darauf, mir einen Traum zu erfüllen: Ein offener Kamin sollte ins neue Wohnzimmer eingebaut werden.

Die mit Weitsichtigkeit gesegnete Hildy warnte vor dem Verlust von Raum, dem zu erwartenden Schmutz, der Arbeit beim Holzbeschaffen und beim Säubern, und nicht zuletzt vor den hohen Kosten des Einbaus, vor allem, weil eigens ein neuer Kaminabzug gebaut werden musste. Sie zweifelte daran, dass sich dies alles überhaupt lohne. Ich schlug alle Warnungen in den Wind, der offene Kamin wurde gebaut.

In den ersten Jahren liebten es die Kinder, vor der offenen Feuerstelle zu liegen. Später wurde sie immer seltener benutzt, von außen fiel daher durch den Kaminabzug häufig sehr kalte Winterluft ein. Schließlich legte ich den Kamin still.

Nach einigen Jahren, als unsere bereits großjährigen Kinder uns Weihnachten besuchten und die alten Geschichten erzählt wurden, fragte die Jüngste, ob wir nicht noch einmal den Kamin in Betrieb nehmen sollten, und auch die anderen waren begeistert von diesem Vorschlag.

Trockenes Holz war noch genügend vorhanden. Mit dem Spruch „Keine Weihnachtsfeier ohne Weihnachtsfeuer!" stapelte ich kunstgerecht kleine Scheite mit viel Zeitungspapier zu einer Pyramide und vergaß auch nicht, die Kaminklappe zu öffnen, damit der Rauch abziehen konnte. Eine kräftige Zugabe von Feuerzeugbenzin diente als Brandbeschleuniger.

Dann zündete ich die Pyramide an. Sofort loderte das Feuer einen halben Meter hoch, die Flammen schlugen aus der Feuerstelle heraus ins Wohnzimmer und schwärzten die Kaminverkleidung in Sekunden. Aber nicht nur das: Innerhalb kürzester Zeit füllte sich das ganze Wohnzimmer mit beißendem Qualm, so dass die Weihnachtsgesellschaft durch die Terrassentür aus dem Raum auf die Terrasse flüchtete und nun frierend draußen stand.

In meiner Not rannte ich hustend ins Badezimmer, füllte den Putzeimer mit Wasser und löschte damit die Flammen. Dabei entstand ein schmutzig-grauer Brei aus Asche, Wasser und Holzresten, von dem ich sofort wusste, wer ihn entfernen musste. Mir war völlig unklar, wieso der Kamin nicht gezogen hatte. Hildy verriet mir schließlich die Lösung: Um zu verhindern, dass durch den stillgelegten Kamin weiter kalte Luft ins Wohnzimmer transportiert wurde, hatte ich vor Jahren von oben ein dickes Daunenkissen in den Kaminabzug gesteckt.

Auch wenn die Kinder nicht mehr unbedingt auf der Erfüllung ihres Wunsches nach einem

„Weihnachtsfeuer" bestanden: So leicht gab ich nicht auf.

Mir fiel wieder ein, dass ich das Kissen mit einer Kordel am oberen Ende des Kamins befestigt hatte, damit ich es bei Bedarf wieder herausziehen konnte. Ich kletterte also auf das Dach und zog an der Kordel, und zwar mit aller Kraft, da das Kissen festgepresst im Abzug stak.

Die Kordel war stabil, nicht aber der dünne Stoff des Kopfkissens. Plötzlich riss der Stoff, das Kissen löste sich im Kamin auf und ich hielt die Kordel mit einem Stofffetzen daran in der Hand.

Derweil hatte sich unten im Wohnzimmer der Qualm durch die offene Terrassentür verzogen und die Weihnachtsgesellschaft stand nun frierend im eiskalten Wohnzimmer. Allerdings war die graue, schleimige Suppe nun garniert mit Daunenfedern, von denen auch eine Menge im Wohnzimmer herumschwirrte, so dass vorsichtshalber die Kerzen gelöscht werden mussten.

Da verlor Hildy endgültig die Geduld. Obwohl ich angeboten hatte, mit einer Stange den Kamin ganz frei zu stochern, schloss sie die Kaminklappe und erklärte kategorisch, dass jetzt Schluss sei. Damit hatte sie unsere erwachsenen Kinder auf ihrer Seite.

Ich wollte weiter machen, ebenso die Enkel . Aber wir hatten keine Chance.

9. Olympisches Feuer

Hildy ist Spezialistin im naturwissenschaftlichen Bereich und dort wiederum besonders im Geheimnisfach Chemie. Während ich mich mit den großen Fragen der Menschheit in Vergangenheit und Gegenwart herumschlage, beackert sie erfolgreich in Theorie und Praxis das Feld der exakten Wissenschaften.

Von daher war sie für das Kochen prädestiniert, unglücklicherweise hasst sie es aber zu kochen. Allseits bekannt ist ihr Ausspruch: „Wenn mich einer ärgern will, dann soll er mir ein Kochbuch schenken!"

In dieses Kochvakuum stieß ich mit dem Willen hinein, diese Domäne für mich zu erschließen.

Es war an einem Sonntag zur Zeit der Olympischen Spiele. Vor der ständigen Geräusch- und Bilderkulisse des Fernsehers, der fast rund um die Uhr lief, hatte die sportresistente Hildy die Flucht ergriffen. Die Kinder waren an diesem Tag bei Freunden, so dass ich allein ungestört die Leichtathletikentscheidungen am Fernsehgerät verfolgen konnte.

Wie jeder weiß, entstehen durch die vielen Vorläufe und Vorentscheidungen gewisse Längen. Um die aufkommende Langeweile sinnvoll zu bekämpfen, beschloss ich, die uninteressante Zeit dadurch zu nutzen, dass ich währenddessen das Mittagessen zubereitete. Das würde die von mir nicht übermäßig verwöhnte Hildy sicher freuen.

Gerade hatte ich angefangen, als es an der Haustür läutete. Es war der Nachbar, bei dem ein Paket für uns abgegeben worden war und der jetzt fragte, ob ich es abholen wolle. Ich ging also mit ihm in seine Wohnung. Er fasste mich dort am Arm und fragte mich verschwörerisch, ob er mir etwas zeigen dürfe, dazu müsse ich ihm aber in sein Wohnzimmer folgen. Ich war neugierig, folgte ihm, und voller Stolz zeigte er mir im Wohnzimmer einen riesigen Fernseher mit einem gestochen scharfen Bild.

Um meinen Neid noch etwas auszukosten, lud er mich ein, die nächste Entscheidung, nämlich die im 110 m Hürdenlauf der Männer, bei ihm anzusehen. Ich war sofort einverstanden. Es war so ein großartiges Erlebnis, dass ich sofort auf das

Angebot einging, auch die nächsten Entscheidungen bei ihm zu verfolgen.

Kurz vor dem Finale im 400m-Lauf hörten wir beide das Martinshorn der Feuerwehr, das immer deutlicher und lauter wurde, bis es mit ohrenbetäubendem Jaulen direkt vor dem Fenster erscholl, visuell begleitet von Blaulicht. Zunächst wunderten wir uns beide darüber, bis plötzlich meine Verwunderung in tödliches Erschrecken umschlug: Ich hatte zu Beginn des Kochens den Boden eines neuen Edelstahlkochtopfs mit Pflanzenöl bedeckt und die Herdplatte auf die höchste Stufe gestellt. Dann hatte der Nachbar geläutet und ich hatte alles vergessen.

Nach einer kurzen Schreckensstarre rannte ich mit einer solchen Geschwindigkeit, die einem Olympioniken zur Ehre gereicht hätte, über die Büsche des Vorgartens zur eigenen Haustür, die offen stand und aus der beißender Qualm herausquoll. Vor dem Haus stand eine neugierige Gruppe von Passanten.

Ich wollte sofort ins Haus stürmen, wurde aber von einem Feuerwehrmann zurückgehalten, bis er den Umstehenden glaubte, dass ich der Eigentümer war. Er teilte mir mit, dass besorgte Passanten die Feuerwehr gerufen hatten, die Tür jedoch schon offen gestanden hätte.

Wie sich herausstellte, hatte die geistesgegenwärtige Hildy bei ihrer Rückkehr die Lage sofort erfasst und die Flammen des bereits brennenden Öls mit dem Topfdeckel erstickt. Dann wollte sie an den Topfhenkeln den Topf von der heißen Platte wegstellen, hielt aber nur die Topfwände in Händen, der glühende Boden hatte sich von den Topfwänden abgelöst.

Als die Feuerwehr erschien, war die Gefahr jedoch weitgehend gebannt.

Als ich auf Hildy traf, wurde mir klar, dass es nun erheblicher Anstrengung meinerseits bedurfte, das von mir entfachte Zornesfeuer Hildys unter Kontrolle zu bekommen. Eingedenk der Tatsache, dass man Feuer oft mit Flüssigkeiten löscht, schleppte ich sie in die nächste Kneipe ab.

10. Der Haltegriff

„4 Löcher bohren, Dübel einsetzen, Haltegriff in den Dübellöchern festschrauben."

So lapidar kann man eine Tätigkeit beschreiben, deren Zeitaufwand man auf eine halbe Stunde schätzt, hoch gegriffen! Warum sieht bei mir die Wirklichkeit ganz anders aus? Warum bin ich das Opfer einer allgemeinen Verschwörung der Dinge gegen mich? Warum wird mein Vorhaben gelobt, dessen Verwirklichung aber als willkommenes Glanzstück in der Hitparade des dilettantischen Scheiterns präsentiert?

Um das Aufstehen von der Toilette zu erleichtern, wollte ich einen langen Haltegriff an die Wand montieren. Ich hielt die Stange an die Tapete und zeichnete 4 Punkte an, dort wo die Löcher gebohrt werden sollten.

Es war bereits dunkel, als ich mich entschloss, die notwendigen Löcher zu bohren. In der Garage herrscht jedoch eine äußerst spärliche Beleuchtung, so dass ich erst nach einigem Suchen meine Akkubohrmaschine gefunden hatte. Nochmaliges Suchen führte zum Auffinden eines 8 mm - Bohrers für Stein. Ich lief in den ersten Stock und begann mit dem Bohren des ersten Loches. Ich kam nicht tiefer als 1 mm, nach kräftigem Drücken höchsten 2 mm.

Bei dieser Gelegenheit muss ich meine Hose erwähnen. Seit einiger Zeit rutscht sie mir dauernd über den Hintern, was auch durch einen enger geschnallten Gürtel nicht verhindert wird. Daher trage ich jetzt Hosenträger, die allerdings nur halten, vor allem die Rückenbefestigung, wenn man sie nicht zu stramm stellt.

Das kräftige Drücken hatte jedenfalls zur Folge, dass sich die Metallbefestigung der Hosenträger am Rücken löste und über meine Schulter schnellte gegen die Brille, die zu Boden fiel, zum Glück aber ganz blieb. Jetzt rutschte aber die Hose bis auf die Knie. Ich zog sie hoch und war froh, dass kein weibliches Wesen in der Nähe war, das vielleicht in Unkenntnis der wahren Zusammenhänge schreiend die Szene verlassen hätte.

Die hintere Halterung der Hosenträger hängt vor der Befestigung so hoch, dass man sie alleine nicht mehr einfangen kann. Daher bat ich Hildy sie mir wieder zu befestigen.

Bei der Gelegenheit fragte sie mich, wie weit meine Bemühungen gediehen seien und war einigermaßen erstaunt, dass ich als Ergebnis nur ein 2 mm tiefes Loch vorweisen konnte. Sie ließ sich das Bohren vorführen und hatte sofort den Grund parat, wieso ich nicht tiefer bohren konnte: Der Bohrer war auf Linksdrehung gestellt, also auf Herauswinden von Schrauben. Ich stellte ihn nun in die richtige Bohrrichtung, und tatsächlich bohrte sich der Akkubohrer 2cm in den Putz, dann ging es erneut nicht weiter. Ich drückte erneut mit großer Kraft auf den Bohrer, wobei ich ein Bein nach hinten stellte. Der Bohrer ging keinen mm tiefer, aber die Rückenhaltung der Hosenträger löste sich wieder und musste von Hildy auch wieder befestigt werden.

Das Problem bestand darin, dass der Akkubohrer zu wenig Kraft hatte und keine Hammerfunktion besaß. Ich musste also einen neuen Schlagbohrer kaufen. Ein für alle Mal sollte er durch seine gute Qualität überzeugen. Ich kaufte daher einen teuren Schlagbohrer, dessen Handbuch der

Bedienung mich zwei Stunden beschäftigte. Das Resultat war, dass diese Bohrmaschine Werkzeuge benötigte, die ich nicht besaß und deren Kauf nochmal eine hohe Summe erfordert hätten.

Am nächsten Tag brachte ich den teuren Schlagbohrer in den Baumarkt zurück und holte einen einfachen, billigeren.

Hildy machte mich darauf aufmerksam, dass das Licht schon seit zwei Tagen brannte und ich weder den Staub weggesaugt noch das übrige Werkzeug weggeräumt hätte..

Die Lektüre des Handbuches für die Bohrmaschine war diesmal weniger zeitaufwändig. Ich bohrte schließlich die vier Löcher für die Halterung und setzte die Dübel ein. Dann schraubte ich vier Schrauben provisorisch ein, bevor ich sie festzog.

Dabei tauchten mehrere Probleme auf: Die Dübel drehten sich im Loch mit, wenn ich festschrauben wollte. Also holte ich alle Dübel wieder durch Ziehen an den Schrauben heraus. Dann setzte ich passendere Dübel ein. Ich schraubte sie erneut alle provisorisch ein.

Beim Festdrehen der ersten Schraube stellte ich fest, dass der Schraubenkopf durch das Befestigungsloch der Halterung rutschte, weil er zu klein war. Also alle Schrauben wieder heraus und neue rein.

Das waren Schrauben, die bis dahin am besten passten, allerdings nur, bis dass ich sie in die Dübel drehen wollte. Sie hatten nämlich einen Kopf, in den kein normaler Kreuzschlitzschraubenzieher hineinpasste.

Leider gab es beim erneuten Herausdrehen der Schrauben aus den herausgezogenen Dübel einen Kollateralschaden, weil ich mich auf den Klodeckel gesetzt hatte: Er war gerissen.

Am nächsten Tag gelang mir endlich die Befestigung des Haltegriffs.

Als ich Hildy stolz mein Werk vorstellte, stellte sie mir zwei Fragen:

1. Warum hängt der Haltegriff schief an der Wand? Diese Frage konnte ich leicht

beantworten: Ich hatte beim Anzeichnen der Löcher keine Wasserwaage benutzt.

2. Warum geht die Klappvorrichtung des Haltegriffes nicht nach oben, sondern nach unten? Auch da wusste ich Bescheid: Ich hatte den Haltegriff beim Anzeichnen der Bohrlöcher falsch herum gehalten.

Mit ein wenig Überlegung hätte sie sich die Antworten auf ihre Fragen auch selbst geben können. Sogar ich konnte sie beantworten.

Zum Glück regte sich Hildy über solche Kleinigkeiten nicht auf.

11. Mitreißend

Es ist für andere, aber auch für einen selbst, oft im Nachhinein erstaunlich, zu was man sich hat hinreißen lassen. Verwundert bis erschrocken stellt man fest, dass man sich das selbst gar nicht zugetraut hätte, was man unter dem Einfluss eines anderen schließlich doch getan hat.

Klaus und Thinka wohnten im 1. Stock in einer schönen Villa im vornehmsten Viertel der Stadt, ihre beiden fast großjährigen Kinder direkt darunter im Erdgeschoss. Hildy und ich besuchten sie in unregelmäßigen Abständen, und wir Vier verbrachten dann den Abend mit Kartenspielen, und zwar mit Doppelkopf. Dabei ergab sich zwischen den Spielen immer die Gelegenheit über alle möglichen Themen zu plaudern.

Einmal fiel mir ein Glas Bier um. Das passiert mir häufiger, und wie sonst auch, entschuldigte ich mich, in diesem Fall vor allem, weil das Bier von der Lache auf dem Tisch in einem dünnen Strahl über die Tischkante auf den Teppich lief. Ich bat Thinka, schnell einen trockenen Lappen zu holen, um zu vermeiden, dass der Teppich Flecken bekäme.

„Mach dir mal keine Sorgen!", meinte sie. „Der Teppich ist nicht besonders wertvoll. Es handelt sich um eine einfache Qualität, deren Hauptaufgabe darin besteht, den Fußbodenbelag darunter zu schützen."

Das machte mich neugierig. „Um welchen Fußbodenbelag handelt es sich denn?", wollte ich wissen.

„Als wir eingezogen sind, lag schon dieser Teppich auf dem Boden. Wir wissen aber, dass es ein besonders teurer Steinfußboden ist, der es schon wert ist, dass man darauf achtet, dass keine Beschädigungen entstehen!", verriet Klaus.

„Wie? Soll das heißen, dass ihr gar nicht wisst, wie er aussieht?", fragte ich verwundert.

„Doch, wir haben mal eine Ecke des Teppichs hochgehoben. Es ist wohl eine besondere Form von Marmor. Da damals die Kinder noch oft hier spielten, haben wir den Teppich zur Vorsicht nicht herausgerissen! Und nachher, als die Kinder größer waren, haben wir einfach alles in diesem Zustand gelassen!", war die Antwort.

„Kann ich auch mal eine Teppichecke hochheben?", bat ich.

Ich durfte.

Ich klappte in einer Zimmerecke den Teppich hoch und zum Vorschein kam ein Stück grüner Marmorboden, wunderschön und sicher sehr teuer. Hildy und ich waren von dem Bodenbelag begeistert.

„Schade, dass wir nicht sehen, welche Wirkung der Boden hat, wenn wir eine größere Fläche vom Teppich befreien!"

Thinka machte den Vorschlag, den Teppich an der Stelle noch weiter zurückzurollen, wo der Wohnzimmertisch stand.

Ich schritt sofort zur Tat. Zwar war der Teppich auf dem Marmorboden mit Teppichklebeband befestigt, aber es bedurfte nur einer geringen Kraftanstrengung, um ihn vom Boden abzureißen.

Nun sah die Zimmerhälfte ohne den Teppich weitaus schöner und vornehmer aus als die, die im alten Zustand war.

Daher schlug ich vor, nun den ganzen Teppich herauszureißen. „Die Kinder machen jetzt ja nichts mehr kaputt, und ich komme ja nicht so oft!", war mein Argument. Das schien Klaus zu überzeugen, während Thinka merklich ruhiger wurde. Nun mussten die Schränke, Kommoden, Stühle, Stehlampe, Zeitungsständer und weiteres Kleinmobiliar angehoben werden, um den Teppich darunter wegzuziehen. Für die Lösung des Teppichs von den Klebebändern waren die vereinten Kräfte von Klaus und mir vonnöten. Verbunden mit unangenehmen Geräuschen rissen wir den gesamten Teppich bis zur letzten Ecke des Wohnzimmers heraus.

Tatsächlich sah das Wohnzimmer nach vollbrachter Arbeit nobler aus. Der positive Gesamteindruck wurde allerdings durch den riesigen Teppich, der gegen die Zimmerwand lehnte, erheblich beeinträchtigt.

„Der alte Teppich stört !", stellte ich fest.

„Wir können den im Dunklen aber nirgends hinbringen!", gab Klaus zu bedenken.

„Unter dem Fenster ist doch die Terrasse eurer Söhne! Wir werfen den Teppich einfach durch das Fenster raus auf die Terrasse!"

Thinka saß stumm auf ihrem Stuhl, und da sie keine Einwände erhob, interpretierten wir das als Zustimmung. Wir hievten die unglaublich große Teppichrolle durch das Fester, das zum Glück breit genug war, und kurz danach landete der Teppich mit einem Knall wie ein Kanonendonner auf der Terrasse.

Danach musste ich auf die Gästetoilette, auf der zu meiner Verwunderung auch ein kleiner Teppich über dem gleichen Marmorboden lag. Den schaffte ich allein rauszureißen und brachte ihn triumphierend um den Arm gewickelt auch ins Wohnzimmer und entsorgte ihn auf die gleiche Art durch das Fenster.

Da hatte Thinka genug von dem Upgrading und erklärte die Aktion für beendet.

Als die Söhne, die während der Aktion nicht zu Hause waren, sich am nächsten Morgen von den

Eltern die Herkunft der Teppiche auf ihrer Terrasse erklären ließen, mussten die Eltern ihnen zusichern, dass sie mir auf keinen Fall gestatten würden, die Wohnung der Söhne zu betreten.

Dabei wären meine Bemühungen für sie kostenlos gewesen.